선교 에세이

베풂의 교만

선교 에세이

베풂의 교만

2024년 9월 16일 처음 펴냄

지은이 | 박숭현
펴낸곳 | 도서출판 동연
펴낸이 | 김영호
주   소 | 서울시 마포구 월드컵로 163-3
전   화 | 02-335-2630
팩   스 | 02-335-2640
S N S | instagram.com/dongyeon_press
이메일 | yh4321@gmail. com

ISBN 978-89-6447-017-6 03040

| 선교 에세이 |

베풂의
교만

박숭현 지음

동연

머리말

　한남대학교 인돈학술원의 도움으로 우리가 15년 동안 선교지에서 친지와 후원 교회에 보낸 선교 편지들을 묶어 *Letters from the Mission Field*라는 책으로 발간해서 주위 분들과 우리의 삶을 다시 한번 나눌 수 있었습니다. 아쉬웠던 점은 책이 거의 모두 영어로 쓰여 있어 많은 분이 사진으로 만족해야 했고, 436페이지에 달하는 관계로 간단히 옆에 두고 들여다보기에 불편했습니다.

　현지 사역에서 은퇴한 후 옛 친지 또 새로운 지인들과 대화하며 우리의 선교 사역을 "우리와 다른 환경의 사람들과 이웃으로서의 삶을 나누는 것"이라고 요약하게 되었고, 우리의 선교 현장에서의 삶을 다시 돌아보는 기회가 되었습니다.

　이 작은 책자에 모은 글은 일상생활에서, 선교 현지에서의 생활을 돌이켜 보며 생각나는 것들을 적어 본 것입니다. 쓰다 보니 이웃으로서의 삶이 많은 글의 주제가 되는군요. 시간 나는 대로 읽고 생각해 보시도록 짧은 글들로 모았습니다.

그간 여러모로 도와주신 분들께 이 자리에서 감사드리고, 특히 바쁘신 중에도 이 책자를 위해 수고해 주신 동연의 김영호 대표께 감사드립니다. 오랫동안 우리의 사역에 기도와 재정으로 후원해 주시고, 이 책자의 발간에도 지원해 주신 서울복음교회의 성영자 목사님, 윤영연 장로님 부부께 감사드립니다.

읽다가 마음에 다가오는 구절이 보이면 부담 없이 인용하십시오. 또 조언해 주실 게 있으면 이메일 주소(spark@hnu.kr)로 보내주시면 감사하겠습니다.

미국 뉴욕주에서

박숭현

차례

2부 _ 선교사의 생각들

1부

선교 사역을 돌아보며

HIV/AIDS, 누구의 책임인가?

2000년대 초 아프리카는 HIV/AIDS에 속수무책이었습니다. 산불처럼 번지는 병에 대처할 약과 돈이 없었습니다. 말라위 북부에 있는 중앙아프리카장로교회(Church of Central Africa Presbyterian) 리빙스토니아 시노드 대회(Livingstonia Synod)에서는 의학적인 치료보다 AIDS를 지니고 사는 삶의 질을 향상해 주는 쪽으로 방향을 잡았습니다.

LISAP(Livingstonia Synod AIDS Program: 리빙스토니아 시노드 에이즈 프로그램)는 교회의 여선교회들을 중심으로 환자와 그 가족을 돌보는 일을 시작했습니다.

우선 AIDS 환자와 접촉하더라도 간단한 주의 사항만 지키면 안전하다는 사실을 알리고, 가족들도 두려워 꺼리던 환자 목욕, 식사 서빙 등을 도왔습니다. 과거 한국에서 사람들이 꺼리는 한센병 환자를 치료하던 선교사들과 비슷한 일을 한 것이라 하겠습니다. 또 환자들이 병을 더 잘 견딜 수 있도록 영양분 높은 음식을 제공했습니다.

다음으로 부모가 세상을 떠나는 경우 고아가 된 아이들을 위해서 생계 수단이 될 기술 교육을 시작했습니다.

인력으로 대응할 수 없는 난관에 부딪혔을 때 이 여인

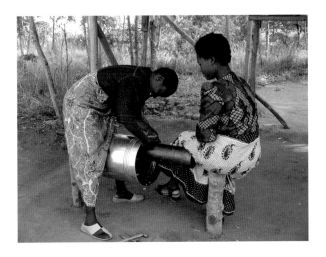

들은 고통받는 이웃을 돌보는 일에 전념했습니다. 불치병이라는 원수를 넘어 하나님이 사랑하시는 인간 한 사람 한 사람을 보았던 것입니다.

우리가 실시한 소규모 조사 결과에 따르면, 여성 감염자 수가 남성보다 3배 정도 많았다. 폐병 환자를 대상으로 한 조사여서 영양 상태가 좋지 않은 사람들이 대부분이었지만, 특히 여성들에 대해 편중되어 나타난 오류는 찾지 못했다. 현지인들은 대개 여성 편중의 이

유를 다음과 같이 풍습에서 찾았다.

· 아프리카에서 에이즈는 중류층 남자들이 여행 중 성관
  계를 통해 감염된 후 아내에게 전달하는 경우가 많다.
· 감염 경로가 어찌 되었든 책임을 여자에게 돌리는 풍습
  이 있다.
· 여성은 신체 구조와 영양 상태로 인해 AIDS 환자가 되는
  비율이 높다.

하지만 이렇게 생각해 보아야 하지 않을까?

1. 문제의 책임을 피해자, 즉 사회적 약자에게 돌리는 것은
   아닌가?
2. **문제가 여성들에게 편중되어 나타나는 상황에서 그 사
   회 구조의 힘 있는 사람들에게는 책임이 없는가?**

니제르 기아 구제 사역 중에
있었던 일

2005년 9월 루터교 국제구호단체(Lutheran World Relief)의 지원 요청을 받은 장로교 재난지원부(Presbyterian Disaster Assistance)의 파견으로 나는 아프리카 니제르 기아 사태 구제팀의 일원이 되었습니다. 아프리카 경험, 불어 구사, 회계 관리 능력, 즉각적 참여 가능(백신 등) 등 모든 조건을 충족시킨 행운아였기에 선발된 것이었습니다.

'다코로'라는 이름의 작은 마을에서의 일입니다. 공평한 분배와 혼란 방지를 위해 구제 기구들이 능력에 따라 구제 대상 인구와 지역을 나누어 책임지고 배급했는데,

모든 지역을 동시에 다룰 수는 없어 인접한 지역도 배급 시점에 차이가 날 수밖에 없었습니다.

그날은 다코로 주민 모두에게 10일간의 식량을 배급하는 날이었습니다. 10일 후에 다시 오겠다고 하고 인사를 나누는 시간이었는데, 다코로 주민으로 우리와 같이 일하던 한 젊은이가 식량 포대 자루를 쥔 어떤 젊은이를 데리고 왔습니다. 그는 옆 마을 주민으로, 아내가 당일 아이를 낳았는데 식량이 없어서 산모와 아기가 모두 위험하니 선교사님의 특별 재량으로 식량을 좀 나누어 주길 바란다는 것이었습니다.

세 가지 방법 정도가 떠올랐으나, 모두 좋지 않은 방법이었습니다.

1. 특별 배급을 준다, 우리가 같이 정한 규칙을 어기고서. → 규칙은 약자만 지켜야 하고, 강자는 지키지 않아도 된다.
2. 내 개인 돈을 주어 시장에서 식량을 사게 한다. → 우리 문제는 부자 나라나 조직이 해결해 준다.
3. 거절하고 빈손으로 돌려보낸다. → 생명을 위험에 빠트린다.

그래도 과거 아프리카 사역 경험이 있었던 터라 물었
습니다.

"전에는 이런 상황을 어떻게 해결했나요?"

"기아 사태 이전엔 모두 조금씩 나누어서 도왔지요.
그러나 요즘은 모든 집에 식량이 떨어져서…."

"그러나 이 동네는 모두 10일 치 식량 배급을 받지 않
았습니까?"

그러자 한 청년이 말없이 그 아기 아빠의 포대 자루를
가지고 가서는 10여 분 만에 돌아왔는데, 자루 안에는
소량의 식량이 담겨 있었습니다.

일을 정리하고 떠나는 우리에게 그 청년이 다가와
이렇게 말했습니다.

"선교사님, 고맙습니다. 오늘 우리에게 식량만 주신

것이 아니라, 우리의 좋은 풍습을 돌려주셨습니다."

아보카도나무

— 이웃, 관계 형성, 존재와 행위

　나와 아내는 첫 선교지로 중앙아프리카 콩고의 한 시골 병원으로 가게 되었습니다. 세워진 지 30년도 넘은 병원이었는데, 거기서 일하는 선교사는 의사 한 분과 사무직을 맡은 내가 다였습니다. 우리 집은 선교사촌에 있었는데, 앞마당에 커다란 아보카도나무가 한 그루 있었습니다. 나라가 내전 중인 데다가 시골이었기에 식량 공급이 제대로 되고 있지 못했던 터라, 이 아보카도는 동네 최고 인기 음식이었습니다.

　어느 날 우리 집 정원사인 빌롤로 씨가 제안했습니다.

"선교사님, 아보카도가 다 익어 수확할 때가 되었는
데 높은 나뭇가지 끝에 달린 열매는 따기 어려우니, 전
에 하던 대로 동네 아이들을 시켜 누가 긴 막대기를 가
지고 올라가서 치면 밑에서 아이들이 담요로 받아내
게 하고, 받지 못해서 땅에 떨어져 깨진 것들은 아이들
이 가져가게 하면 어떨까요?"

신참 선교사라 현지 사정을 잘 모르는 데다가 관례를
존중하는 차원에서 나는 좋다고 했습니다. 그런데 날이

갈수록 온전하게 수확하는 열매의 수는 점점 줄어들고, 땅에 떨어지는 열매의 수는 점점 더 많아지는 것이었습니다. 빌롤로 씨는 아이들을 탓하며, 불성실하고 부정직한 아이들은 교체하고 앞으로 잘 감시하겠다고 약속했습니다. 그런데 시간이 흘러 그곳을 떠나와 뒤늦게 깨닫게 되었습니다. 문제의 발단은 자신과 그 동네 아이들을 갑과 을의 관계로 본 나에게 있었다는 것을요. 처음부터 그 나무의 소유주인 나 자신과 노동을 제공하는 그 아이들을 다르게 여기는 관념이 나에게 있었던 것입니다. 그렇기에 나는 온전한 아보카도를, 아이들은 떨어져 깨진 아보카도를 갖는 걸 당연시했던 것이지요.

온전한 열매는 자본가 주인이 가지고, 노동자는 폐기물만 가지게 하는 현 제도에서는 공동의 목표 추구가 불가능해지고, 노동자에 대한 감시와 통제가 불가피해집니다. 예수님께서 가르치신 대로 이웃과 관계를 형성하지 못한 것이 문제의 원인입니다. 즉, 내가 그 아이들을 진정 나의 이웃으로 여기고서 아보카도 추수 방법을 모색했더라면, 자연히 나는 그들과 온전한 열매를 같이 나누었을 것입니다. 땅에 떨어져 깨지게 되는 열매를 최소화하는 방법을 함께 찾고, 공정한 분배 방식에 관해 연구했을 것입니다. 내 이웃을 (나와 동등하게 여기고) 사랑하는 것은 우리의 근본적 사고방식의 문제인 것이지, 단순히 행동의 문제가 아니라는 것을 깨닫게 되었습니다. 일단 기본 틀(being, paradigm, framework)이 짜이면 거기서부터 목표가 정해지고, 목표 달성을 위한 행동(doing, tasks, activities)의 방향이 정해집니다. Being에서 doing이 나오는 것이지, doing으로 올바른 being을 만들어 낼 수 있는 것은 아닙니다. 그런데 오랜 기간 익숙해진 우리의 근본적 사고방식은 바꾸기 어렵습니다. 그래서 같은 과오를 반복하게 됩니다. 이는 인간 사회 전체에 만연한 문제로서, 우리 삶의 목표와 가치에 영향을 끼칩니다.

언어 배우기

— 발언하지 못하는 이들의 고난을 이해하고 공유하기

나는 콩고에 선교사로 나가기 위해 나이 쉰이 넘어 불어 공부를 시작했습니다. 수업 첫날 첫 시간에 선생님은 교실에서는 영어를 쓰면 안 된다고 선언했습니다. 나는 마치 청각 장애인이나 시각 장애인과 같은 시간을 보내야 했습니다. 3주 정도 지나고 나서야 "질문이 있느냐?"는 선생님의 말씀을 처음 알아듣게 되었고, 너무 반가워 그동안 갑갑했던 사정을 한숨에 털어놓았습니다. 그러나 한참 듣고 난 선생님은 "모든 질문은 불어로만 받겠습니다"라고 했고, 나는 다시 입을 닫을 수밖에 없었습니다.

그렇게 9개월간 배운 불어로 콩고에 가서 병원 사무 일도 하고 가르치는 일까지 할 수 있었던 것은 정말이지 성령의 도우심이라고 생각됩니다.

그 후 나는 네팔에 가게 되었는데, 그곳에서 계급제도로 인해 천민층과 여성들이 의미 있는 발언권을 부여받지 못하는 상황을 접했습니다. 전에 불어를 배우던 시절의 답답했던 심정과 말을 못 한다고 해서 생각 없는 사람으로 취급받던 경험이 떠올랐습니다. 이를 통해 그들이 받는 고통을 조금이라도 더 이해하게 되었고, 어떻게 하면 그들에게 이웃이 되어줄 수 있을까를 고민할 수 있었습니다.

제한된 언어능력으로 인해 자신의 마음속 생각을 제대로 표현하지 못하는 사람은 생각 없는 사람으로 취급당하기 쉽습니다. 제도적인 제약 때문에 발언의 기회를 박탈당한 사람 또한 생각이 없거나 공동체에 공헌할 만한 어떤 아이디어도 갖고 있지 못한 사람 취급을 받습니다. 이들은 어떤 정당한 대응을 할 수 있을까요. 또 그들이 받는 수난에 대해 우리는 어떤 자세와 행동을 취해야 할까요….

언어 이야기가 나온 김에 덧붙이자면, 미국에 살 때 늘 악센트 때문에 주눅이 들고 창피함을 느끼곤 했던 데 반해, 네팔 시장에서는 아주 초보적이고 간단한 네팔어로 몇 마디 건네면 그곳 상인들이 다들 손뼉 치며 반겨주던 것이 생각납니다. 외국인이 자신들에게 다가오려고 노력한다는 사실을 귀하게 여긴 것이지요. 지식과 부와 힘을 가진 나라의 시민권을 가진 우리가 선교지 주민들과 그들의 언어로 관계를 맺는 것은 그들이 우리에게 하나의 강점을 갖도록 해 주는 것입니다. 여러 면에서 약점이 많은 이들에게 언어라는 강점을 선물하는 것은 이웃과 공동체를 이루려는 선교사들에게는 필수 항목이라 생각합니다.

역사적 사실과 진실

2011년 미국에서 온 청년자원봉사자들(Young Adult Volunteers) 그룹 그리고 일단의 한남대학교 학생들과 더불어 일본을 방문하여 공통 과제인 환경보호(environmental protection), 인종 차별(racial discrimination), 세계 평화(world peace) 등의 주제를 놓고 토론회를 가졌던 적이 있습니다.

환경보호에 대해서는 오사카에 있는 관서 학원에서, 인종 차별에 대해서는 나가사키에 있는 가스이학원(活水学院)에서 세계 평화에 대해서는 히로시마에 있는 히로시마여자대학교에서 토론회를 하였습니다. 세 곳의 기독교 대학들은 우리를 정성스럽게 맞아주었고, 학생들도 토론에 진지하게 참여했습니다.

그 후 우리는 히로시마 원폭 기념관을 방문하여 둘러보며 1945년 8월 6일에 투하된 원자폭탄의 역사적 의미에 대해 각자의 견해를 나누었습니다.

- **미국**: 트루먼 대통령의 리더십 덕분에 폭탄이 단기간에 개발될 수 있었고, 그의 결단에 따라 투하됨으로써 전쟁이 조기 종결될 수 있었고, 따라서 많은 생명의 손실을 막을 수 있었다.
- **한국**: 원자폭탄 투하는 일본의 항복을 이끌어 냈고, 그로 인해 대한민국이 독립할 수 있었다.
- **일본**: 수만 명의 생명을 무분별하게 앗아간 원자폭탄 투하는 인류 역사에 다시는 없어야 하는 비극이다.

모두 사실이지만 어느 하나도 온전한 진실(complete truth)에는 미치지 못합니다. 우리가 알고 있는 '사실' 중에 이처럼 부분적으로만 옳은 것들은 없는지 생각해 봅니다. 아니, 대부분의 '사실'이 그런 부분적 사실에 불과

한 것은 아닐까요?

열심히 하는 사람들의 병

기억이 정확하진 않지만 2002년경 나는 네팔 선교사로서 두 번째 파송을 받기 위한 준비 과정의 일환으로 하루 종일 심리 성격 조사를 받았습니다.

담당자에게 "하나님의 부름에 순종하여 예수의 가르침에 따라 일하겠다는 선교사들을 이렇게까지 자세히 또 철저히 검증해야 할 필요가 있습니까?"라고 물으니, 이런 대답이 돌아왔습니다.

"예, 그렇습니다. 선교사로 나가겠다는 사람 중 대다수는 말씀하신 대로 순종과 따름이 목적이고 사명이

지만, 개중에 일부는 자기가 예수인 줄 알고 나가려 하
는 이들도 있기 때문에 걸러내야 합니다."

열심히 하는 사람들이 걸릴 수 있는 병이 있는 것
같습니다.

이웃에게서 배우는 선교사

네팔에서 사역할 때 정부가 우리 선교 단체 UMN (United Mission to Nepal)에 요구한 것은 의료, 교육, 지역개발 등의 사역은 하되 힌두교도인 네팔인들에게 전도는 금한다는 것이었고, UMN도 이에 동의했습니다. UMN과 협조하는 NGO 직원들을 대상으로 하는 영어 강습도 허락되었고 인기가 있었습니다. 가장 인기 있었던 수업 방식은 간단한 이야기를 나누고 그에 관한 대화를 통해 이해를 돕고 표현법을 가르치는 것이었습니다. 높은 호응과 활발한 대화를 이끈 이야기로 예수님의 "선한 사마리아인"(눅 10:25-36) 이야기가 있습니다. 이야기를 들려준 뒤 우리는 묻습니다. "이 이야기의 등장인물 중 여러분은 누가 되고 싶습니까?" 진심이야 어떻든 대개 "강도당한 사람을 돌본 사마리아인입니다"라고 대답합니다. 그런데 어느 날 말수 적은 경비원에게 "당신은 어떤가요?"라고 물었더니, 한참을 생각하던 그는 이렇게 대답하는 것이었습니다. "저는 지식도 기술도 없지만, 돈을 주며 간호를 부탁한 사마리아인의 뜻을 잘 받들어 그 강도 만난 이를 정성껏 간호한 여인숙 주인이 되고 싶습니다." 그의 대답을 듣고는 나는 고개가 숙어졌습니다. 그 여인숙 주인이 없었거나 그의 정성이 없었다면, 이야기는 완성될 수 없었다는 사실을 깨달은 것입니다. 대사 한 마디 없는 역이었지만 하나님의 나라는 그 여인숙 주인이 실천한 것과 같은 이웃 사랑이 만들어 낸다는 진실을 말입니다. 저라는 선교사와 그 경비원 중 누가 더 성숙하고 진정한 이웃이라 하겠습니까?

재난

재난 뉴스를 보면 거의 언제나 무너진 건물이나 교량 등을 중심으로 보여줍니다. 그러나 재난 구제 사역을 하는 우리는 재난을 피해당한 생명에 초점을 맞추어 정의합니다.

재난이란 피해당한 생명들이 자기 능력과 노력만으로는 정상 생활로 복귀할 수 없는 상황을 가리킵니다. 여기에는 인간, 동물, 식물 등 자연 생태계의 모든 생명체가 포함됩니다.

그러므로 재난 구제 사역이란 구제 대상이 정상 상태로 복귀할 때까지 힘을 보태어 그들로 하여금 풍성한 삶을

살도록 만들어 주는 일입니다. 예를 들자면,

- 실수로 물에 빠진 사람을 육지로 건져내면, 그는 계속해
  서 그의 삶을 살 수 있다.
- AIDS로 부모가 사망해서 고아가 된 사춘기 청소년은 그
  가 정신적 트라우마에서 벗어나 독립된 생활 수단을 찾
  을 때까지 도와주어야 한다.
- 기아 사태를 만난 마을은 당장 먹을 식량과 다시 농사를
  지어 추수할 수 있을 때까지의 식량과 종자를 지원해 주
  어야 한다.

풍성한 삶이란 단순히 재난 이전의 삶으로 복귀하는
것만이 아니라,

- 직면한 어려움을 견디어 내고
- (인위적) 재난의 재발을 방지하고
- 앞으로 있을지 모를 (자연적) 재난의 피해

를 축소하는 방법들을 모색해야 합니다.

콩고 시골 교회 어른

2001년 초 나는 과거 미국 장로교 선교사들이 사역하
다가 독립 후 계속되는 내전으로 인해 1960년대 중반에

철수한 콩고의 교회, 학교, 진료소들을 미국 장로교 총회 요청으로 방문한 적이 있습니다. 길도 험하고, 검문소에서 돈도 뜯기고, 밤에는 벌레들에게 피를 빨리는 여정이었습니다. 또 선물을 기대했던 이들의 실망을 마주해야 했던 방문이었습니다. 그런데 어느 마을에 이르렀을 때, 한 연로한 어른이 내게 말씀하셨습니다.

"선교사님들이 떠나면서 곧 돌아오겠다고 하셨지만 30년이 지나도록 소식이 없어서, 선교사들이 우리를 버렸다고, 나아가 하나님이 우리를 잊으셨다고 생각

하게 되었는데, 오늘 당신이 우리를 찾아주니 '하나님
이 아직 우리를 기억하신다'라는 확신이 생깁니다."

송구스럽기 그지없었고, 열악한 도로 사정, 검문소,
벌레 등에 대한 모든 불평이 사라져 버렸습니다.

탁실라병원

파키스탄에 있는 탁실라기독병원은 2002년 8월 무슬림 테러리스트들의 폭탄 테러로 인해 채플에서 나오던 간호사 4명이 목숨을 잃는 일을 겪었습니다. 2005년 11월 지진이 난 파키스탄에 교회의 재난 구제 사역을 도우러 간 나는 탁실라병원을 방문했는데, 병원 스텝들이 열과 성을 다해 모금하고 병원 시설을 개방해 재난민들을 치료하는 모습을 보고 큰 감명을 받아 물었습니다.

"당신들의 자매인 간호사들을 죽인 무슬림들에게 어떻게 이런 사랑을 베풀 수 있는 것인가요?"

그랬더니 그들은 이렇게 대답했습니다.

"죽어간 우리의 자매들을 가장 영광되게 하는 방법은 악을 선으로 대하는 것이라 확신합니다."

죽어간 자매의 이름으로 무슬림들을 이웃으로 받아들이는 그들은 선교사보다도 더 성숙한 예수의 제자라고 확신합니다.

내 은혜가 네게 족하도다

(Sufficiency)

선교사 이전의 내 삶은 언제나 최고를 추구하는 삶이었습니다. 특히 컨설턴트의 삶은, 당일 고객에게 가장 큰 가치를 제공하는 사람만이 전화를 받습니다. 결코 2등에게는 전화가 오지 않습니다. 이러한 적자생존 시스템은 세상 어느 곳이나 똑같이 적용됩니다.

경쟁이 치열한 사회에 사는 사람들에게 이는 거의 보편적인 가치 체계입니다. 예를 들어 한국의 경우 이러한 가치는 사회의 젊은 구성원들을 인생의 시작부터 경쟁하게 만듭니다. 학업 성적, 스포츠, 외모 등 모든 종목에서

금메달을 획득해야 합니다. 그 결과로 인생에서 선택된 소수만이 승자가 되고 나머지는 패자가 됩니다.

나는 52세였던 1998년에 미국장로교의 파송을 받고 선교 사역을 시작했습니다. 밀턴 프리드먼(Milton Freedman)의 영구 소득(Permanent Income) 이론에 따르면, 50대의 시기는 일반적으로 소득이 지출보다 크기에 편안한 은퇴 기간을 마련하기 위해 부를 축적하기 시작해야 하는 때입니다.

선교 현장 사역에서 은퇴할 시간이 가까워졌을 때, 나는 우리가 저축한 돈이 우리의 필요 사항을 충족할 수 있을지 궁금해지기 시작했습니다. 왜냐하면 우리가 15년 동안의 선교사 사역 동안 저축한 돈이 별로 늘어나지 않았기 때문입니다. 나는 교수 및 컨설턴트 시절의 동료들에게 물었습니다. 그들이 생각하는 편안한 은퇴를 위해 필요한 생활비 추정치는 내가 예상한 소득 흐름의 거의 두 배였습니다. 갑자기 소득을 올릴 방법이 없는 나는 세부 사항을 파헤쳐 공부해야 했습니다.

은퇴 후 생활비 예산을 정리해 보니, 친구들 예상보다

40%는 적었습니다. 자세히 비교해 보니, 은퇴 후의 생활 계획과 항목들의 예산 차이였습니다.

예를 들어 여행을 생각해 봅시다. 나는 대다수 은퇴자의 버킷 리스트에 있는 거의 모든 대륙과 장소를 가봤습니다. 아프리카에서는 사파리가 아니라 기근으로 어려움을 겪고 있는 사람들, 또 그들의 아이들과 이웃들의 삶을 조금 더 좋게 만들기 위해 노력하는 사람들과 함께 시간을 보냈습니다.

나는 더 이상 비즈니스석이나 일등석을 타기 위해 이코노미 운임의 400%를 지불하고 싶은 충동을 느끼지 않습니다. 알루미늄과 플라스틱 용기에 담긴 음식을 먹기에 비좁은 이코노미석에 앉는 것보다 비즈니스석에서 14시간을 보내는 것이 참으로 더 편한 것은 사실입니다. 그런데 콩고에서는 서까래까지 화물을 실은 화물기의 후미에 앉아서 여행하곤 했습니다. 하지만 나는 그 여행을 통해 희망과 공동체 의식을 이웃들과 나누는 기회를 체험했습니다.

은퇴 이야기로 돌아가서 나는 나의 필요가 40% 더

적은 것으로 충족된다는 것을 깨달았습니다. 우리는 현장에서 15년 동안 일하면서 몸에 익힌 검소한 생활 방식으로 남은 생애 동안 40%의 추가 수입을 얻을 수 있다는 것을 배웠습니다. 친구들보다 40% 작은 집은 우리가 현장에서 살았던 어떤 집보다 좋습니다. 디스카운트 식료품 가게에서 매장 브랜드 상품과 할인 쿠폰을 쓰는 것은 부끄러운 일이 아니라, 실천하는 검소함입니다.

겨울에 더 춥고, 여름에 더 덥게 사는 것은 자원 부족의 고통이 아닌 자연이 우리에게 주는 것을 안고 살아가는 것입니다. 무엇보다도 우리는 다른 사람들의 극대화된 생활 방식을 비판하지 않고 만족스러운 삶을 사는 법을 배웠습니다. 하나님의 은혜가 참으로 우리에게 족합니다 (고후 12:9).

겸손과 신뢰로 가르치다

우리가 첫 번째 선교 사역을 준비하고 있을 때, 콩고민주공화국(자이레)에서 여러 세대에 걸쳐 가족을 섬긴 찰스 맥키 목사 부부를 소개받았습니다.

봉사하겠다는 우리의 헌신에 대해 격려와 친절한 말을 나눈 후 찰스는 콩고에서의 경험을 이야기하였습니다.

30년 넘게 콩고에서 봉사하며 지역 주민들에게 의료, 교육, 훈련을 제공한 헌신적인 한 선교사가 은퇴하고 미국으로 돌아갈 준비를 하고 있었습니다. 그는 기관이 임무를 수행할 준비가 되었는지 확인하는 동시에 자신의 개인 소유물 중 많은 부분을 동료와 이웃에게 선물했습니다. 그는 수년간 그의 조수로 일한 콩고 직원에게 이렇게 말했습니다.

"칼론지(Kalonji, 가명), 당신은 오랫동안 나와 함께 있었고 충실하고 유능한 서비스를 제공했습니다. 당신 없이는 많은 일을 할 수 없었을 것입니다. 정말 특별한 선물을 드리고 싶은데, 무엇을 드릴 수 있는지 알려주세요."

"아니요, 선생님은 저에게 안정되고 편안한 삶을 제공해 주셨고 덕분에 일곱 명의 자녀를 모두 교육할 수 있었습니다. 저는 여러분과 주님께 감사드리며 더 이상 바랄 것이 없습니다."

"칼론지 씨, 당신에게 특별한 것을 주는 것은 당신뿐만 아니라 나에게도 마찬가지 기쁨입니다. 나에게 특별히 원하는 것이 있으면 알려주세요."

"선생님이 제게 대담하고 솔직해지라고 하시니 말씀
드립니다."

칼론지는 이어서 이렇게 말했습니다.

"저도 당신의 동료 선교사들이 드나든 문으로 선교사
님의 집에 들어가 그들이 앉았던 테이블에 앉아 다른
선교사들에게 대접했던 것과 같은 도자기 컵에 같은
커피 한 잔을 마시고 싶습니다."

그 말을 들은 선교사는 자신이 많은 일을 했지만 주님
의 명령을 어겼다고 한탄했습니다.

이 이야기를 듣고 나는 앞으로는 같은 실수를 하지
않겠다고 다짐했고, 콩고 동료들을 '이웃'으로 대해야겠
다고 다짐했습니다.

세월이 흐르면서 나는 계속해서 이 이야기로 돌아왔습
니다. 일에 얽매여 프로젝트에 참여한 사람들을 잊어버렸
을 때, 나는 나의 결점을 지적하지 않고 자랑(교만)스러운

초보자를 가르치는 찰스의 방식에 감사하는 법을 배웠고, 언젠가는 나 자신이 그 교훈을 배울 것이라고 믿었습니다.

이웃들이 나의 훈계 없이도 나보다 더 깊이 배울 수 있다는 진리를 신뢰하기를 바랍니다.

내 아들에게 말하는 중이다

1999년 초 내전 중인 콩고 시골에 두려움과 호기심, 기대를 품고 처음 선교지로 갔습니다. 애초에 지정되었던 남아프리카공화국의 문이 닫히는 바람에 일 년이 넘는 지연과 준비 과정을 거쳐 어렵게 도착했기에 기대와 각오도 어느 정도의 수준에 달했지요.

처음 일 년은 얼떨결에 적응하려는 노력과 새로운 삶의 에너지로 어려운 줄 모르고 지냈는데, 두 번째 해에는 음식, 교통, 언어 등 모든 것에 짜증이 나기 시작했습니다. 또한 미국에 두고 온 아이들 그리움에, 그리고 그 아이들이 어려움을 호소해 올 때는 '내가 무슨 짓을 하고 있나'

하는 회의가 들고, 공연히 현지인들이 밉게 보였습니다. 삼 년째 들어가니 이제는 우리와 익숙해진 현지인 동료와 이웃들의 잦아진 사적 요청에도, 생활의 어려움에도 지치게 되었습니다. 나아가서는 하나님께 항의와 불평까지 하게 되었습니다.

> "하나님, 우리가 무엇이라고 현지 이웃들은 하나님께 하는 요구도 우리가 해결해 주기를 기다립니다. 우리의 연약함을 잘 아시는 하나님, 왜 우리를 이 황무지에 보내서 이곳 사람들을 실망시키고, 우리도 사랑은 못 할지언정 미움으로 보게 하십니까? 능력을 주시든지 아니면 우리가 피할 수 있게 해 주십시오."

이러한 항의성 기도가 저절로 나왔고, 이것이 반복되니 피해자의 억울함까지 느끼게 되었습니다.

그러던 어느 날 새벽, 마치 하나님의 음성을 직접 듣는 것 같이 뚜렷이 닥쳐왔습니다.

"잘 듣거라. 내가 시키는 일로 네가 벅차해 하는 것은 알겠다. 그러나 네게 시키는 것은 네 안에 있는 내 아들 예수에게 시키는 것이지, 너 박숭현이 감당하라는 것이 아니다. 네 안의 예수가 사역할 수 있게 마음을 비우고 따르면 너는 너의 임무를 다하는 것이다."

그 후로 나는 도저히 내 힘으로 감당할 수 없는 일이 닥쳐올 때 마음을 가다듬고 한 발짝 물러나서 그동안 내가 잠재워 둔 예수가 깨어나 일하실 수 있도록 믿고 기다리려 노력합니다. 하나님께서도 그 이상 요구하지 않으시고 또 이것이 내가 할 수 있는 모두이며, 해야 하는 최소한의 일입니다.

시간이 지나고 현역에서 물러난 지금도 동료들이 비협조적이고, 나아가서는 방해한다는 생각이 들 때는 콩고에서의 생활을 기억하고 한 발짝 물러나 예수에게 기회를 드리려고 노력합니다. 항상 "진작 그렇게 했어야 했는데…."

내가 가서

미국에서 선교사의 삶을 시작할 때 어떤 편지를 읽은 기억이 있습니다. 1900년대 초기에 한국으로 파견된 한 선교사가 자신을 파송하는 교회의 교인들에게 쓴 편지였습니다.

"하나님이 나를 보내시는 그곳에서 어떤 어려움과 도전이 기다리는지는 모르지만, 나는 말씀으로 무장하여 이 미개인들을 하나님의 자녀로 만들라는 명령에 순종하여…"로 시작되는 그 편지는 선의의 선교사와 무력을 행사하는 점령군이 다를 바 없이 다 같이 범하는 과오를 잘 보여줍니다.

　백여 년 전, 그들이 오기 전 한국민들은 수천 년에
이르는 역사와 문화 그리고 공존의 체험을 가진 집단이었
습니다. 한국 문화와 역사에 대해 무지한 사람들은 "내가
한국에 대해 아는 것이 없다" 대신 "한국에는 고유의
문화와 역사 그리고 서로 아끼는 가치관이 없다"로 쉽게
단정해 버립니다.

　물론 그렇지 않은 선교사들도 많았고, 그러한 무례의
행위에 대해 항의하고 반박한 한국인들도 있었지만, 재물
과 정치의 힘을 가지고 오는 사람들에 정의로 맞서기보다
는 자신의 이익을 챙기는 기회로 여기는 사람들이 더 많았
습니다. 교회와 교세가 개인 이익의 도구로 전락하는
아픔도 따라왔고 말입니다.

　나는 재정과 민주주의 체제가 빈약한 아프리카에서
사역하면서 같은 종류의 실수를 하고도 깨닫는 데 오랜
시간이 걸렸습니다. 중요한 것은 "내가 모르는 것은 없다"
라는 과오를 항상 염두에 두고 재검토하는 자세인 것 같습
니다.

　미안한 이야기지만 동남아시아에서 사역하는 한국

선교사 중에 이러한 태도를 보이는 사람들을 자주 보았습니다. 파송 교회에서 자신들이 그리는 그림에 맞는 결과를 기다리지 못해 재촉하는 상황도 종종 보았습니다.

얼마 전 참석한 다문화 사회에 관한 강의에서 한 새터민이 했던 말이 떠오릅니다. 한국에 살면서 이북 사투리와 억양을 없애려고 노력은 하지만, 사투리가 그들에게는 고향이기에 단순한 언어의 문제가 아니라 자기들의 과거를 잊어야 하는 고통이라는 이야기였습니다.

미국에 산 지 60년이 넘었지만, 내가 한국 악센트가 있는 영어로 이야기하며 창피해하지 않는 자세를 갖게 된 지는 불과 몇 년이 되지 않습니다. 독특한 악센트로 말하면 그 언어에 약하다고 생각하는 편견은 없애야 합니다.

몇 명이나 전도했어요?

선교사로서 자주 듣는 질문이지만 나에게는 답하기 어려운 질문입니다. 나는 특히 누구를 전도하기 위해 노력한 기억도 없고, 내 선교 사명은 나와 다른 사람과 이웃이 되는 것이라고 말해 왔기 때문입니다. 물론 이것도 하나의 변명이 될 수 있지만….

2005년 8월 루터교 세계 구제기관(Lutheran World Relief)의 도움 요청에 장로교 재난지원부(Presbyterian Disaster Assistance)가 나를 니제르 기아 사태 원조에 파견했습니다. 약 4주 동안 현지인 직원들을 도와 식량 배급 시스템과 재정·통계 보고 시스템을 정리하고 교육하는

일이었습니다. 프랑스어를 해야 하고, 아프리카 경험이
있고, 예방 주사를 맞았으며, 당장 출발할 수 있는 사람이
어야 했습니다.

당시 콩고에서의 3년 사역을 마치고 다음 임지를 기다
리던 나는 모든 조건을 충족하는 극소수 중 한 명이었습니
다. 시스템 설계라 하지만 식량 배급일을 처음으로 시도하
는 우리는 열악한 시골 현장에서 같이 지내며 공정하고
적당한 양의 식량 배급을 위해 노력했습니다.

4주가 지난 후 미국으로 돌아가는 나를 비행장으로
데려다주던 운송 담당 Amodou가 물었습니다.

"Simon, 우리나라는 이슬람 국가이고, 같이 일하는 직원, 구제 대상 동네 사람들 모두가 이슬람인데, 왜 기독교인인 너와 네 동료들은 어려운 고생을 해가며 우리를 도우려 하나? 몇 주 같이 지내면서도 답을 모르겠다."

"Amodou, 내가 어떻게 설명하려 해도 네가 이해할 수 있도록 전할 수 없을 것 같다. 그러나 네가 계속 그 질문을 하다 보면 언젠가는 너도 내 구세주 예수를 만나리라 확신한다."

그러고는 헤어졌습니다. 6개월 후 우리가 만든 시스템과 보고 체제가 제대로 운영되고 있는가를 점검하기 위해 다시 한 주간 방문했습니다. 현장 방문, 시스템 검토, 수정 등의 일을 마치고 다시 비행장으로 향하는 차 안에서 Amodou가 말문을 떼었습니다.

"내가 지금도 가끔 우리 대화를 생각하곤 하는데 아직은 네가 말하는 예수를 만나지는 못했다. 그러나 너와의 시간을 기억하고 싶어서 우리나라 사막의 유목민들이 만든 십자가 하나를 선물한다."

아주 잘 만든 것 같지 않아도 Amodou의 진심이 담긴 이 선물은 내 사역 기간 가장 전도에 가까운 이벤트의 증거물로 생각됩니다.

모르는 것 없어요

2011년 11월 북한에 있는 평양과학기술대학에 6주간 교수로 방문했습니다. 그곳은 북한 정부가 선발한 성분 좋고 실력 좋은 학생들이 영어로 공부하며 장래에 북한 사회가

세계로 열릴 때 이 움직임을 이끌어갈 정예 부대의 훈련장이
었습니다.

나에게 부탁한 것은 세계에 열려 있지 않은 사회에서
자라고 공부한 젊은이들에게 세상 돌아가는 것을 이해하
는 데 도움이 될 소재들을 골라서 강의해 달라는 것이었습
니다. 나도 전문 분야가 아니고, 학생들이 이미 알고 있는
것이나 빈 곳이 무엇인지 몰라서, 의논해서 말해주면
내가 공부해서 같이 나누겠다고 했습니다.

여섯 명의 대학원생이 머리를 맞대고 의논한 결과는
"없습니다"였습니다. 내가 잘못 알아들었나 해서 확인했
더니 자기네들이 모르는 것이 없다는 것이었습니다. 내가
정해서 강의해 주면 되겠다는 것이었습니다.

이후에 계속 대화하며 찾아낸 진리는 모두 똑같은
내용을 배웠고 독자적인 추가 공부가 허락되지 않는 상황
이라 무엇을 모르는지 알 수가 없고, "무엇을 모르는지
모른다"가 "모르는 것이 없다"로 결론지어졌다는 것이었
습니다. 획일적인 교육과 그에 따른 사고방식이 "모르는
게 없고 모두 안다"가 되어 버린 것입니다. 사회 전체가

종교 이단 집단이 되고 통치하기에 편한 무리가 됩니다.

김일성 생가

김일성 조문(로동신문)

쉬운 해결책

처음 사역지인 콩고 선한목자병원에 도착하고 얼마 지나자, 쉽고 효율적인 해결책이 있는 문제들을 방치하고 불편하게 살거나 환자들에게 불편을 감당하게 하는 부조리가 눈에 들어오기 시작했습니다.

나는 별로 큰 비용을 들이지 않고 해결할 수 있는 일부터 시작했습니다.

교회 의자

10여 년 전 선교사들이 교회 건축을 시작하고는 결국

끝내지 못하고 떠난 그곳에 함께 예배드리기 위해 갔습니다. 몇 시간씩 드리는 예배를 바위 위에 올려놓은 통나무에 앉은 채 하는 것은 큰 고통이었고, 이를 본 목사는 우리가 앉을 수 있도록 자기 집에서 의자를 가져다 마련해 주었습니다. 우리만 제대로 만든 의자에 앉아 예배 보는 게 불편했던 우리는 교회에 제안했습니다.

"우리가 목재와 못을 제공할 테니 교인들이 앉을 벤치를 만들어 보세요."

교인들은 "감사합니다. 우리는 괜찮으니 몇 개만 만들
어 연장자들과 아기 엄마들이 쓰게 하지요" 하고 대답했
습니다.

얼마 지난 후에 벤치가 만들어져 잘 쓰고 있으니 와서
보고 같이 예배드리자는 초청이 왔습니다. 기쁜 마음으로
예배에 참석한 우리에게 감사의 말과 벤치를 만들기 위한
교인들의 수고에 대해 들었습니다.

예배가 끝난 후에 여자아이들이 그 무거운 벤치들을
하나씩 머리에 이고 가기에, "이 벤치들은 교회 것인데
왜들 가지고 갑니까?"라고 물었습니다.

"예, 이 귀한 벤치들을 교회에 놔두면 주중에 모두 도
둑맞을 위험이 있어서 집에 가지고 갔다가 주일 아침
에 가지고 오기로 했습니다."

나 중심의 생각으로 있지도 않은 문제를 해결해서
오히려 새로운 짐을 만들었던 것입니다. 권한을 가진
사람들이 선의로라도 다른 사람들에게 짐을 지우는 일이
나만의 실수일까요?

우산

병원 사무장 일에 적응되기 시작하자 이곳저곳 부조리
가 눈에 띄기 시작했습니다. 그중 하나가 열대 지방에
폭우가 쏟아지면, 점심 식사를 위해 집에 간 병원 직원들이
돌아오는 시간을 지키지 않아 환자들, 특히 외래 환자들이
어쩔 수 없이 기다리는 것이었습니다. 먼 동네에서 몇
시간씩 걸어온 환자와 보호자들은 집에 갈 수도 없고,
온 김에 진료, 검사, 처방을 받아야 하기에 기다릴 수밖에
없었습니다.

마침 크리스마스도 다가오고 책망보다는 격려하는
선교사가 되고자 한 친구가 선물한 선교 헌금으로 우산을
사서 나누어 주기로 하고 시장 상인들에게 부탁했습니다.
저렴하고 수량을 채울 수 있는 화려한 우산을 구매해서
200명에 달하는 직원들에게 나누어 주고, 기뻐하는 모습
을 보며 은근히 속으로 내 자신을 칭찬했습니다.

그들의 안일한 태도를 꾸중하지 아니하고 선물을 나누
어 저절로 문제를 해결하는 것이 옳은 선교사의 자세라고

속으로 만족했습니다.

그런데 또 폭우가 내리던 어느 날 점심 후의 병원은 이전과 같이 직원은 없고 환자들만 기다리고 있는 것이었습니다. 두세 번 같은 상황을 지켜본 나는 직원 중 한 사람에게 물었습니다.

"이제는 다들 우산도 있는데 왜 시간 맞춰 돌아오지 않고 환자들을 기다리게 합니까?"

"선교사님이 주신 우산은 귀한 선물이라 비가 아주 세
게 올 때는 망가지지 않게 아끼고 특별한 날만 씁니다.
우기에는 익숙해진 생활 방법대로 비가 그칠 때까지
기다렸다가 생업에 복귀합니다."

교회 예배도 비가 오면 안 모이고 비가 멈춘 후에
자발적으로 모인다는 것을 아는 내가 또 실수한 것입니다.
의사 한 분이 말했습니다. "선교사님의 의도도 알고 또
기대한 대로 되지 않을 것도 알았지만, 미리 앞서서 말릴
수 없어서 잠잠히 있었습니다."

우리 이웃의 삶을 이해하지 못하면서 해결책을 섣불리
제시하는 나의 자세가 창피했습니다.

전인치유

일본 오사카에 요도가와기독교병원이 있습니다. 2차 대전 후에 폐허 상태에 있던 일본에 복귀한 미국 장로교 선교부는 1955년 미국 장로교 여선교회의 생일 헌금 전액 ($208,077)을 오사카 빈민 지역에 의료 진료소를 세우는 사역에 헌금했습니다.

목마른 땅에 빗물을 주듯이 사랑의 씨는 뿌리를 내리고 성장했고, 2009년 조사에 따르면 일본에서 사립 의료 기관 중 세 손가락 안에 드는 의료 기관으로 성장했습니다. 병든 자들의 신체 치료에만 치중하지 아니하고, 전인치유 (Whole Person Healing)를 표제로 하여 다음과 같은 일들을 시행했습니다.

- · 이른둥이(preterm baby) 전문 치료부터 노인 요양 병원까지
- · 자택 방문 간호사부터 가족과 같이하는 임종실까지
- · 일본 처음으로 유아 임종실 운영 등으로 치료하고
- · 환자들을 위한 목회실을 운영하여 환자들과 그 가족들의 영적 건강을 돌보아 왔다.

2005년경 시내 한복판에 분산된 병원을 한 건물로 모으고 첨단 의료 기술을 도입하기 위해서는 병원을 다른 장소로 이전해야 했습니다. 넓은 토지 확보를 위해서 근교 도시로 옮겨야 한다고 결정됐습니다. 그 소식을 접한 주민 50,000명 이상이 이 병원은 우리 지역에 꼭 필요한 기관이니 적당한 장소를 만들어달라는 탄원서를 냈고, 병원에도 지역에 머물러달라고 요구했습니다.

그 결과 오사카시에서 예전에 상수도 정비장으로 쓰던 대지를 병원에 판매했고, 경매 절차를 거치지 않고 3년간

의 건축을 거쳐 예전 지역에서 기차로 불과 한 정거장 떨어진 장소에서 전인치유의 사역을 계속할 수 있게 되었습니다. 두어 가지 이야기가 기억납니다.

1. 미화 약 1억에 이르는 건축 예산 중에서 50년 전 여선교회의 헌금이 씨앗이 된 것을 기억하고, 같은 금액 ($208,077)을 동남아시아의 의료 선교를 위해 헌금했다. 계속되는 선물(gift that keeps on giving)의 상징.

2. 새로 건축된 부지는 오사카에서 천민 취급 받는 도살장 일꾼들의 동네로 그곳 주민조차 그 동네에 사는 것을 수치로 여겨 한 정거장 더 지나서 아와 지역에서 내려 되돌아 걸어 집에 가곤 했는데, 병원이 동네에 들어온 후에는 자기 역인 소젠 지역에서 내린다. 전인치유만이 아니라 온 동네까지 치유하는 경우로, 하나님 안에서 올바른 자세로 서는 것 자체가 이웃 사랑의 기본임을 보여주는 사례.

May I help YOU?

— 유효(effective) vs. 효율(efficiency)

1960년대 워싱턴 지역 한인들의 삶은 미숙한 영어로 인한 우발적 사건과 이를 재치와 노력으로 헤쳐 나가는 일의 연속이었습니다.

1964년 3월 7일 미국에 도착한 나는 버스를 타고 시카고에서 워싱턴으로 가서 집안 지인의 집에서 하룻밤을 신세 진 후 부활절을 앞둔 성금요일(Good Friday)에 일거리를 찾아 처음 거리로 나섰습니다.

워싱턴의 뒤폰트 서클 근처에 있던 중국 식당이었던 것으로 기억하는데, 문을 열고 들어가니 매니저로 보이는

이가 "May I help you?"(뭘 도와드릴까요?)라고 묻는 것이
었습니다. 일자리를 찾아왔다는 말이 차마 나오지 않고
식은땀만 흘리던 내 입에서 튀어나온 말은 이러했습니다.
"NO, may I help YOU?!"(아니요, 내가 당신을 도와드릴 일이
있을까요?!)

　얼떨떨한 표정을 짓던 매니저가 뜻을 알아듣고는 박장
대소를 했습니다! "그래, 마침 오늘 바쁜 날이니 일손이
필요합니다. 지하에서 접시를 닦는 일도 있고, 바에서
보조하며 유리잔을 닦는 일도 있습니다." 접시 닦는 일이
야 아무나 할 수 있는 일이라 생각한 나는 "바에서 보조하
는 일을 하겠습니다"라고 말했습니다. 바텐더는 여러 가
지 글라스를 보여주며 술 주문이 들어오면 거기에 맞는
잔을 골라 올려놓고, 사용한 잔을 세척하는 것이 나의
일이라 했습니다. 글라스라고는 유리 물컵밖에는 몰랐던
내가 술 주문에 따라 적합한 잔을 올리는 일은 사실상
불가능한 일이었습니다.

　그러나 저녁 일이 끝날 때쯤 바텐더는 내 일에 아주
흡족해했는데, 나는 안도의 숨을 쉬면서도 몹시 지쳐

있었습니다. 술 주문이 들어오면 나는 무조건 네 종류의 글라스를 다 올려놓았는데, 그러면 바텐더는 자기가 원하는 잔을 골라 사용할 수 있었지만, 나는 주문이 들어올 때마다 네 개의 잔을 다 세척해야 했기 때문입니다.

이 방법은 유효(effective)하기는 하나 효율성(efficiency)은 대단히 떨어졌습니다. 일을 시키는 사람은 만족해했으나 노동을 제공하는 쪽에서는 네 배의 일을 해야 하는 비생산적 노동이었던 것입니다.

나는 하루 일하고는 포기하고 말았습니다.

N차 방정식

한남대학교 수학교육과 학생이었던(2018년 당시) 고 OO 학생은 한남대학교 다문화 사회 리더 훈련 과정의 일환으로 미국 장로교 수양관 스토니 포인트 센터(Stony Point Center: 뉴욕주 Stony Point 소재)에서 있었던 열흘 일정의 프로그램에 참여했습니다.

나는 2012년까지 한남대학교 캠퍼스 안에 있는 선교 사촌에 묵으며 사역했던 인연으로 이 프로그램에서 통역과 안내와 운전 일을 맡아 섬기도록 초대받았습니다. 스토니 포인트 센터에서 가까운 곳에 살고 있던 것도 이유였겠지요.

프로그램 진행 도중 조금 비는 시간이 생겨서 나의 이야기를 들려주며 이렇게 말했습니다. "살아보니 인생은 내가 이루어 낸 목표들의 합(linear)이 아니라, 모든 성공과 실패 경험의 융합(organic)이더군요." 무슨 대단하고 심오한 뜻을 담아서 한 말은 아니었습니다.

그런데 고○○ 군은 이 평범한 말에서 자기 생의 지표를 찾았다고 하면서, 수학도로서 "n차 방정식에 답은 하나가 아니라 n개까지 답이 있다는 것을 알면서도, 점수와 자격증 등으로 등수가 매겨지는 시스템 안에 살다 보니 삶에 부여된 다양한 기회를 못 본 것 같습니다", "앞으로는 좀 더 풍부한 삶을 살 수 있을 것 같습니다"라고 말했습니다.

내 말에서 내가 담았던 것보다 훨씬 더 깊은 의미를 찾아낸 것이었습니다.

마음을 열고 나누는 대화는 말하는 사람과 듣는 사람 모두를 성장하게 하고, 서로 아끼고 고마워하는 관계를 이루게 한다는 것을 배웠습니다.

겸손의 힘

— 연약함은 "좋은" 변화를 위한 필수 조건입니다

: 당신의 약함이 강자를 움직이리라

교수로서 또 선교사로서 나는 지혜와 지식을 다른 이들과 나누려고 노력해 왔고, 어느 정도 성공을 거두었습니다. 나의 고객들이 기꺼이 돈을 지불하고 나의 컨설팅을 받으려 했던 것이 그 증거입니다.

1980년대 후반 나는 뉴저지에 있는 우리 집에 대학교수, 인근 AT&T 벨 연구소 연구원, 은행원 등 동료 '전문직' 평신도 부부들을 초청해 매주 성경 공부를 했습니다. 우리는 성경을 깊이 이해하고 성경의 가르침을 개인 생활

과 직업 생활에 적용하고자 노력했습니다. 그러다 1989년
우리 가족은 싱가포르 이주를 결정하고, 스터디 그룹
멤버들에게 지역교회 목회자가 인도하는 성경 공부 모임
에 나가라고 권유했습니다.

서울대학교 물리학과를 수석으로 졸업하고 미국 리하
이대학교에서 박사학위를 받은 이OO 박사는 "우리를
위해 찬송가 한 곡만 불러주면 말씀하신 대로 교회에
출석하며 성경 공부를 계속하겠다"라고 농담을 던졌습니
다. 그는 내가 음악적 재능이 전무한 것을 두고 놀린
것이었습니다…. 나는 나의 가장 부끄러운 단점을 공개적
으로 드러낼 생각이 없었습니다.

"그렇다면 이번이 박사님이 참여하는 마지막 성경
공부 시간이 되겠고, 진리의 말씀을 깨달으실 기회가
다시 없겠어요." 그러자 나의 아내 혜정이 끼어들어서는
"아니, 창피당하고 싶지 않다고 해서 어떻게 그런 식으로
말씀하십니까? 내가 당신과 같이 노래 부를게요"라고
말했습니다. 우리는 같이 노래를 부르기 시작했는데, 1절
이 반쯤 지나면서부터 내 음정이 맞지 않았습니다. 방

안에 있던 모든 사람이 참고 있던 웃음을 터뜨렸습니다. 내 인생에서 가장 굴욕적인 순간 중 하나였습니다.

우리는 싱가포르로 이주했다가, 교직과 컨설팅 일을 위해 덴버로 이사했습니다. 그러는 동안 우리는 이 박사가 그간 독실한 기독교인이 되었고, 심지어 목사가 되어 그의 연구실의 외국인 연구원들, 주로 중국에서 온 연구원들을 섬기고 있다는 소식을 전해 들었습니다.

콩고민주공화국 사역을 마치고 돌아왔을 때, 우리는 이 박사로부터 미국에 머무는 동안 꼭 만나고 싶다는 연락을 받았습니다. 우리가 만났을 때, 포옹과 인사를 나눈 후 그는 내게 물었습니다. "제가 어떻게 예수님을 구세주와 주님으로 영접하게 되었는지 아세요?" 나는 "성경 공부할 때 제가 전했던 말씀의 진리와 능력을 받아들일 만큼 박사님이 성장했기 때문이겠지요?"라고 농담을 건넸습니다. 그는 고개를 저으며 말했습니다. "선생께서 제시한 논증에 대해서는 지금도 여전히 반론을 제기할 수 있어요. 제가 주님을 영접한 건 선생께서 싱가포르로 떠나기 전에 자신의 약점을 공개적으로 드러내는 수치에도 불구하고 우리를 위해 찬송가를 불러주었을 때였습니다. 그때 저는 생각하게 되었습니다. '예수가 대체 누구이길래 저분은 저렇게 자신이 당하는 수치보다 그를 더 중요하게 여기는 것일까?' 그리고 진정한 과학자라면 응당 그래야 하듯이 저는 그 질문을 계속 탐구했고, 마침내 진리를 발견하게 되었고, 그리스도의 제자가 되었습니다. 저는 이 이야기를 제 연구소 모든 중국인 동료와 나누며 진리를 전하고 있답니다." 나는 대답했습니다. "좋네요! 이제 중국인은 누구나 제가 음치라는 걸 알겠어요!"

주님, 나를 어떻게 사용하시든 나는 주님의 것입니다.

다문화가정 (1)

2012년 7월 첫 손자 요한이네 가족이 요한이의 첫돌을 맞아 한국을 방문했습니다. 우리는 서울에서 짧은 일정을 소화하고 대전으로 돌아가려던 참이었습니다.

요한이 엄마, 아빠가 남산과 주변 지역을 구경하고 싶다고 해서 할머니, 할아버지인 우리 부부가 서울역에서 요한이를 돌보며 기다렸습니다.

유모차에 아이를 태우고 식당가를 오가며 요한이 부모가 오기를 기다리고 있는데, 어느 할머니가 아이를 보더니 우리에게 묻는 것이었습니다.

"그 아이 튀기에요?"

나는 대답했습니다.

"예. 그런데 이 아기는 내 손자예요."

요한이를 모르는 그 할머니에게는 요한이의 피부색과 외모가 전부이겠지만, 나에게는 귀하고 사랑스러운 손주인 것이지요. 피부색과 외모는 나와 요한이와의 관계에 아무런 영향을 주지 않는 '기타' 사항일 뿐입니다.

우리는 자신과 다른 사람을 접할 때 늘 먼저 '튀기'로 보지는 않는지요?

다문화가정 (2)

: 박태한(Felix Park)

Your DNA looks most like DNA from these 10
world regions(열 지역의 DNA가 섞여 있는 태한이).

- Korea: 47%

- Norway: 16%

- Spain: 11%

- Indigenous Americas-Mexico: 7%

- Scotland: 5%

- Ireland: 4%

- Japan: 3%

- Portugal: 3%

- Basque: 2%

- Wales: 2%

Your DNA connects you to 4 communities(전반적으로 4인종의 피가 있습니다).

1. Arkansas, Oklahoma & Texas Settlers

   (미국 서남부에 정착한 인종)

2. Chihuahua, West Texas & Southern New Mexico

   (치와와 원주민)

   a. Central & Northern Durango & Southern Chihuahua

   b. Chihuahua & Northern Durango

   c. Ciudad Juárez, Chihuahua to Las Cruces, New Mexico

   d. Hidalgo del Parral, Camargo & Jiménez, Chihuahua

   e. Northern Chihuahua, Southwestern New Mexico & Southeastern Arizona

3. South Korea(대한민국)

4. Southeastern, Central & Northern Norway(노르웨이)

   a. Nordre Land, Søndre Land & Northern Toten & Ringsaker

   b. Southeast Oppland & Hedmarken

   c. Southern Hedmark, Eastern Akershus & Southern Oppland

   d. Southern Ringsaker & Hamar & Northern Stange

다문화라면 이 정도는 되어야 한다고 생각합니다. 전 세계의 피를 이어받은 태한이에게 "너는 어떤 사람이야?"라고 물으니, 태한이가 대답했습니다.

"나는 사랑하고 온순한 태한이인데, 수학은 내 학우보다 훨씬 앞서 있고, 수영팀에 속해 있고, 내 동생 태희를 잘 돌보는 태한이입니다."

Felix(태한)는 내가 끔찍이 사랑하는 나의 손주입니다.

반응하기(Reacting)
Vs. 응답하기(Responding)

비슷한 의미로 들리는 이 두 용어는 말과 상황에 우리가 대응하는 행위를 뜻합니다. 하지만 나는 이 두 단어는 사람과 사람이, 자연과 사람이 상호작용하는, 완전히 다른 두 태도를 나타낸다고 생각합니다.

'반응하기'(REACT)란 들은 말이나 내 안녕에 영향을 미치는 사건에 대해 내 행동의 결과를 생각하지 않고 그저 감정적으로 반응하는 원초적 본능 수준의 행동입니다.

반면 '응답하기'(RESPONSE)란 내 행동이 나와 상호작용하는 상대방에게 어떤 영향을 미칠지와 관계된 모든 사람을 위해 더 조화롭고 나은 결과를 가져올 것인지에 대해 심사숙고한 다음에 하는 행동입니다.

나이가 들수록 나는 그간 내가 했던 '응답'들에 대해서는 후회하지 않지만, 보여주었던 '반응'들에 대해서는 철회할 수만 있다면 얼마나 좋을까 생각하곤 합니다.

사회정의

— 투쟁인가, 사랑인가? 무엇이 중요한가?

많은 분이 희생을 감수하며, 심지어 생명까지 바치며 사회정의를 외칩니다. 그들은 불의에 맞서 투쟁하며, 고통받고 있는 많은 이들의 인권과 기본 자유를 위해 일합니다.

그런데 이런 거시적(macro) 관점의 사역과 달리, 고통받는 이웃의 곁에 서서 그에게 좀 더 나은 삶과 희망을 품도록 힘을 보태 주려는 미시적(micro) 관점의 사역도 있습니다.

투쟁: 승리 아니면 실패

· 이겨야 한다. 이기지 못하면 지는 것이다.

· 나의 투쟁을 반대하거나 방해하는 자는 적이다.

희망: 현재보다 나은 미래를 위해 약자 편에 서다

· 승리보다 발전을 목표로 하기에 장기적 안목을 가짐.

· 목표를 포기하지 않으면서도 현실적으로 가능한 것들을
   취함.

· 상대를 물리쳐야 할 적으로 보지 않고, 옳은 것을 받아들
   이도록 대화를 통해 설득해야 할 대상으로 봄.

표면으로는 같아 보여도 이 둘은 기본 관계 형성 자체
가 다르고, 동기가 다르기에 사역의 지속력과 대인 관계에
서 차이를 보입니다. 불의의 실체는 하나라도, 그로 인한
피해는 사람에 따라 다 다릅니다. 또 그 피해를 줄이는
방법 역시 다양하기에 우리가 각자 받은 다양한 은사를
사용할 기회도 다양하고 많습니다. 암을 근본적으로 이기
려는 노력은 필요합니다. 그러나 환자의 생명을 연장하는

치료, 생명 연장까지는 못하더라도 살아있는 동안의 고통을 덜어주는 치료 또한 필요한 것입니다. 정의를 위해 투쟁하면서도 불의로 인해 고통받고 있는 이웃을 외면해서는 안 됩니다.

정의와 자비

정의와 자비는 동전의 양면이지, 결코 양립 불가한 가치가 아닙니다. 1964년 3월 나는 동경의 대상이었던 미국을 향해 떠났습니다. 언어 학원 학생 자격으로 입국했고, 비행기표를 사 주신 부모님께는 생활비와 학비는 앞으로 내가 벌어서 감당하겠노라고 약속하고 떠난 길이었습니다. 당시에는 식당에서 접시 닦는 일이 신분을 막론하고 보편화되어 있어서 나도 식당에서 웨이터로, 은행에서 자료 정리하는 일 등으로 아르바이트를 했지만, 최저임금을 받는 파트타임 수입만으로는 학업을 지속할 수가 없어서, 당시에 수요가 부상하던 컴퓨터 프로그래밍을 몇 달간 배워 취직했습니다. 돈을 좀 모아서 학업을 계속하고자 여러 직장을 알아보던 중 워싱턴 근교의 한 회사에서 긍정적인 답을 받을 수 있었습니다. 그런데 2~3일 후 이민국에서 두 사람이 회사로 찾아와서는 하는 말이, 학생 비자로 입국해 놓고 학교는 쉬고 직장 일을 하고 있으니 이민법을 두 가지나 어겼다는 것이었습니다. 결론은 추방이었습니다. 불법 체류자였기 때문입니다. 그런데 당황해하고 있는 나에게 한 명이 조용히 말했습니다. "우리는 법 집행 의무가 있는 공무원이니 법대로 진행해야 하지만 당신의 사정을 이해한다. 내가 이민 담당 변호사 연락처를 하나 줄 테니 그와 의논해 보기를 바란다." 나는 그 변호사와 통화했고, 그의 조언과 도움으로 영주권(Permanent residency)을 신청하게 되었습니다. 컴퓨터 프로그래머라는 전문직에 채용이 되었으니 미국이 필요로 하는 인력으로 인정받을 수 있다는 것이었는데, 1965년 이민법 개정으로 인종, 출신 국가 배당제도(quota system)가 폐지되어서 가능성이 높았습니다. 이 법은 오랜 기간 인종 차별에 대해 투쟁해 온 흑인들의 운동을 벌여온

결과로 생긴 것인데, 1967년 이 사건으로 시작해서 1968
년에 영주권을, 1973년에 시민권을 그리고 1974년에는
나의 동생들도 영주권을 취득할 수 있었습니다. 몇 가지
생각이 듭니다.

1. 그 이민국 직원은 본인의 책임에 따라 법을 위반한 나를
   추방 대상으로 처리하긴 했지만, 뭔가 해보려고 노력하
   는 젊은이를 위해 아낌없이 조언해 준 점.
2. 흑인들의 인권 운동 덕분에 열린 문으로 대거 이민해 올
   수 있었던 한국인들이 흑인들을 인종 차별하고, 남미에
   서 온 불법 이민자들을 무시하고 혐오하고 있는 현실.
3. 한국에서 난민, 북한 이탈주민, 조선족, 외국인 노동자
   들이 받는 시선.
4. 법을 지키는 것(justice)과 자비(compassion)를 베푸는
   것은 양립할 수 있는가? 둘 중 더 우선되어야 할 것은 무
   엇일까?

3~4년 전 미국에서 트럼프 대통령이 유색인종을 대상

으로 반이민 정서를 부추기고 불을 지필 때, 가족 중에도 이에 동조하는 의견들이 있었습니다. 사람을 미워하는 것은 아니지만 법을 어기고 들어와서 뻔뻔하게 권리를 주장하는 것은 밉다는 것이었습니다. 나는 그간 잊고 살던 45년 전 일에 대한 기억을 나누었습니다. 지금 너희 모두는 불법 체류자였던 나와 연고로 이렇게 미국에 살고 있는 것이라고…. 나의 자녀들인 너희도 또 너희 자녀인 나의 손주들도 다 불법 체류자 후손들이라고…. 왜 우리는 고통받고 있는 이들과 우선 이웃으로서 관계를 맺은 다음 그 관계를 기반으로 앞으로 나아갈 길을 찾지 못하는 것일까요?

행복

1960년대 초 내가 고등학교에 다니던 때에는 학교에서 중간고사나 기말고사 성적을 석차 순으로 게시하곤 했습니다. 내 이름은 늘 뒤에서부터 찾는 것이 빨랐습니다. 어느 학기 중간고사 성적 발표 때는 여느 때보다도 더 빨리 뒤에 있는 내 이름을 찾을 수 있었습니다. 스스로 창피하고 부모님께 뭐라 말씀드릴지 걱정되는 마음에 무거운 발걸음으로 느릿느릿 집에 가던 길이었습니다. 중간쯤 갔을 때 등에 아기를 업은 한 할머니가 혼잣말하시는 걸 듣게 되었습니다.

"저런 경기고등학교 교복을 입은 아들을 둔 부모는 얼마나 자랑스럽고 행복할까!"

왜 60년이 지난 지금 그 말이 생각나는 걸까요?

현실은 다르다

나는 가끔, 아니 자주 엉뚱한 생각을 하고 제시하곤 합니다. 대개 돌아오는 반응은 "당신의 생각은 원칙적으로는 옳으나 현실에 적합하지 못하다"라는 것입니다.

맞습니다. 나는 이제 현장에서 뛰는 사람이 아닙니다. 하지만 역설인지 모르나, 현장의 제한점들(constraints)을 모르기 때문에 오히려 원칙에 입각해 목표나 방향에 대해 생각할 수 있게 되는 것은 아닐까요? 그리고 장기적으로 보자면, 우리는 현실의 제한점을 어떻게든 극복해서 올바른 방향으로 가야 하는 것이 아닌가요?

내가 늘 옳다는 말이 아니라, 원칙과 현실 사이의

상호 대화가 필요하다는 말입니다. 목표에 다가가는 노력을 방해하거나 무기력화시키는 요소들을 식별하고 대응 방향을 모색하기 위해서는, 현실을 직시하는 안목과 더불어 원칙에 입각해 그림을 그리려는 바람이 같이 가야 한다고 생각합니다.

현실에 묶인 이기적 생각(selfish interest)을 접고 원칙에 따른 옳은 목표 달성을 주체적 목표(self-interest)로 삼고 노력하다 보면, 현실의 문제점을 하나씩 해결하거나 완화할 가능성이 있다고 믿습니다. 분명한 것은 그런 노력을 쉽게 포기해서는 안 된다는 점입니다.

나 하나를 바쳐서

1981년 고려대학교 경영 대학에 교수로 부임하자 선배 교수님 한 분이 기독학생회 지도교수 자리를 맡으라고 하셨습니다. 나의 독실한 신앙을 아시고 부탁하는 것으로 착각하여 승낙했지만, 얼마 되지 않아 데모하다가 잡혀간 학생들을 경찰서에 가서 빼어 오는 것이 주 임무인 것을 알게 되었습니다.

1981년 겨울이 오자 데모도 주춤해졌고 나도 잊고 상대적으로 편하게 생활했습니다. 1982년 봄, 날이 풀리자 데모도 살아났고 폭력적으로 진압당하는 학생들을 보아야 하는 괴로움도 다시 찾아왔습니다.

1982년 5월 18일 학생들도, 진압 경찰도 평상시보다 더 긴장된 모습으로 움직였습니다.

기독학생회 리더로 섬기던 학생을 붙잡고 말렸습니다.

"자네들이 지금 길에 나가서 경찰과 충돌한다고 민주화가 빨라진다고 생각하나?"

"오늘 민주주의가 오리라고 생각하지도 않고 또 더 빨라질 것도 기대하지 않습니다."

"그럼 왜 부상을 입고 잡혀가는 무모한 짓을 하나?"

"교수님, 오늘은 광주에서 많은 젊은이가 생명을 바친 민주화운동이 두 돌 되는 날입니다. 우리가 길에 나가 데모하고, 짓밟히고 잡혀가면, 동네 어르신들이 '쟤네 왜 또 저래?'라고 합니다. 그러면 '오늘이 광주사태 난 날이래'라고 합니다.
저희는 지금 어쩔 수 없더라도 이 일이 잊혀서는 안 되고, 언젠가는 정의가 승리하리라 믿습니다. 이 사건이 사람들의 기억에서 사라지지 않는 불씨가 된다면, 저는 기꺼이 구타당하고 잡혀가렵니다."

"그래, 네가 존경스럽다. 나도 기꺼이 경찰서에 찾아가서 내 힘닿는 한 도울게."

듣기 거북한 이야기

　여든이 다가오는 이때, 주변에서는 이 세상을 떠나는 이들의 소식이 종종 들려 옵니다. 유명인들은 물론, 한동네에 사는 이웃들을 비롯해 2년 전에는 나보다 일곱 살이나 아래인 동생까지도 하나님의 나라에 갔습니다.

　지금까지 30년이 된 당뇨를 지닌 채 심장 수술 등을 거쳐 살고 있는 나에게 아직 간혹 도움을 요청하는 이웃과 기관들이 있다는 사실은 감사한 마음을 품게 해 줍니다. 연로자들 세금 보고 대행을 하다 보면 종종 본인 장례비 보험을 드는 것을 볼 수 있습니다. 본인들의 시신 처리 절차가 자손들에게 부담이 되지 않게 하려고, 또 자손들이

없거나 그 능력이 없을 때 정부의 비인도적인 매장 절차를
밟지 않으려고 없는 돈을 떼어 미리 준비한다는 것입니다.

충분히 이해되나, 내 생각은 좀 달라서 기록해 봅니다.
죽음에 대해서 공개적으로 이야기하기를 거북해하는 사
람들도 있지만, 궁금해하는 사람도 있을 것 같아서 나누어
봅니다. 내가 떠난 후에 이웃의 삶 속에 어떻게 그 흔적이
남았으면 하는 생각은 다른 글에서 다루었기에 여기서는
시신에 관한 소망만 다루겠습니다.

'이 세상에서 내 삶을 담아준 몸체를 다 사용하고
난 후에 어떻게 재활용할까, 최소한 해를 끼치지 않으려
면…'이란 생각은 다양한 문화권에서 또 불안정 상태에서
살아오는 동안 생각해 왔습니다. 그 결론부터 요약하려
합니다.

1. 나의 육신이 그런대로 쓸 만한 상태로 죽음을 맞이한다
   면 나는 장기 이식을 통하여 다른 사람들이 더 좋은 질의
   삶을 살기를, 또는 연장할 수 있기를 바란다. 의사, 가족
   그리고 정부 기관들에 쓸 수 있는 장기는 어느 것이든 모

두 채취하라고 알려 놓은 상태이다.

2. 다른 사람의 삶을 직접 돕지 못하는 경우, 의료 교육과 연구를 위해 시신을 기증한다. 이를 위해 의과 대학들을 수소문하는 과정에서 알게 된 사실은 주요 부분의 장기(폐, 허파 등)를 이미 기부한 시신은 교육용으로 쓰기에는 부적잘하여 거부한다는 것이다. 또 너무 멀리 떨어진 장소에서 혹은 전염병으로 죽는 경우에도 거부한다. 이해되는 조건들이다.

3. 위의 두 방법이 모두 불가능하다면, 그 후에는 자연과 주변에 피해를 줄이는 방법을 찾게 된다. 그중 가장 선호하는 방법은 자연 매장이다. 아직은 지역적으로 주 정부에서 허가하지 않는 곳도 많지만, 내가 거주하는 뉴욕주는 이를 허락하는 장소들이 있다. 시신을 화학물질 처리하지 않은 상태로 쉽게 분해되는 자료들(섬유, 종이)만 사용해서 자연 숲속에 묻고, 이른 시일 내로 비료가 되는 것이다. 사람들을 제외한 모든 생물처럼 말이다.

4. 이 방법도 가능치 않으면, 다음은 알칼리성 분해다. 그 방법은 독성이 없는 액체 안에서 서서히 분해되어 자연

상태로 돌아가게 하는 것이다.

5. 마지막으로 우리가 자주 보게 되는 화장이다. 이 방법은
   고열로 분해하는 방법이기에 공해성이 있고 주변 인구
   의 기부감을 초래하기도 한다.

나는 위의 항목들을 우선순위대로 기록해서 동네의 장의사에게 의뢰하였습니다. 내가 사망할 시 식구들이나 의료진들은 그 장례 관리사에게 연락만 하면 그들이 그 당시 가능한 방법 순위대로 처리해 주게 됩니다. 사망신고, 국가 연금 조정 등 사망자와 관련한 모든 처리를 포함해서….

나의 선호 순위가 최선이라거나 다른 사람들도 따르기를 원해서 나누는 것이 아닙니다. 살아 있을 때 생각해 보고 그 의사를 가족과 의료진과 나누는 것이 어떨까요?

모양과 질 그리고 숨길 수 없는 진실

1983년 1월 1일 장장 5일간의 비자를 받고 중화인민공화국 광주를 관광하는 기회가 주어졌습니다.

당시에는 여행에 제한이 많았는데, 미국 여권 덕분에 주한 미군 부대에서 알선하는 소규모 관광을 할 수 있었습니다. 홍콩에서 출발해서 국경까지 가고 다시 기차로 광주까지 가는데, 명절을 지키

려 집에 가는 중국 사람들과 싸움을 해가며 가던 기억이
납니다. 그 당시에는 중국의 관광객 모두는 그 지역의
공산당 본부에 가서 등록하고 공산주의 체제의 우월성에
대한 설명을 들어야 했습니다.

관광 안내원의 인솔하에 방문한 우리에게 지역당 간부
가 말했습니다.

"우리 사회와 자본주의 사회의 가장 큰 차이는 평등이다.
내가 입은 상의와 덩샤오핑 동지가 입는 상의는 모두 같
다. 여러분들의 사회에서 이러한 '평등'을 찾을 수 있나?"

기념사진을 찍은 후에 안내원에게 물었습니다. 그를 곤경에 빠지게 할 것을 알면서도….

"아까 그 사람이 입은 상의가 덩샤오핑 동지의 상의와 정말 같은가?"

양복을 입은 안내원이 미소 지으며 답했습니다.

"Yes and No. 그 상의의 모양은 같으나, 그 소재의 질은 다르다."

주어진 사상의 독재 안에서 권력을 가진 집단의 주장이 무조건 사실로 받아들여져야 하는 상황에서도 그 포장을 걷어내는 진실은 항상 살아있습니다.

그 후 고려대학교에서 학생들과 중국 관광 사진을 보며 이야기를 나누던 중에 다음 사진을 본 한 학생이 놀라며 말했습니다.

"어, 쟤네도 웃네!!!"

　당시 우리 교육은 모든 것을 양극 두 개의 울타리
안에 분류하는 방법 외에는….

베풂의 교만

랍비 힐렐의 가르침

If I am not for myself, then who is for me? But if I am not for others, then what am I?

내가 나를 챙기지 않으면, 누가 나를 돌보리요? 그러나 내가 남을 돌보지 않으면, 나는 어떠한 인간인가?

특히 이웃보다 좀 더 편한 삶을 사는 이들이 숙고해야 할 숙제입니다.

1976년 일리노이대학(University of Illinois, Urbana-Champaign) 교수로 부임했습니다. 그 당시 한국에서도

많은 유학생이 오기 시작했고, 상대적으로 미국 생활에 더 익숙하고 경제적으로도 안정을 잡은 우리 부부는 처음 와서 새로운 삶을 시작하는 유학생들이 정착할 수 있도록 도왔습니다. 그렇다고 뭐 대단한 것을 한 건 아니고, 학생 아파트에 들어가기 전 하루 이틀 재워 주고, 밥 한 그릇 차려 주고, 필요할 때 드라이브해 주는 등 간단한 도움이 었습니다.

얼마 후 학생들은 "교수님, 식사를 한번 대접하고 싶은데 시간 좀 내주세요"라고 말했습니다. 나는 매번 "내가 도운 건 별로 대단한 것도 아니고 내가 기뻐서 한 일들이니 괜찮아"라며 사양하곤 했습니다.

그런데 한 학생이 "교수님이 대가를 바라지 않고 기쁜 마음으로 저희를 도와주신 거 압니다. 감사합니다. 그런데 저희도 그저 기쁜 마음으로 같이 교제하고 싶어서 초대하는데 왜 그것을 못 받으십니까? 그것도 일종의 교만이십니다"라고 말하는 것이었습니다.

당시엔 창피하고 충격적인 사건이었지만, 시간이 지날수록 필요한 충고였다는 것을 느낍니다.

그래서 요즘은 염치 없이 또 죄책감 없이 대접도 많이 받지만, 그저 부담 없이 좋고 유익한 시간을 가지는 데 집중합니다.

알아야 먹지

1964년 미국 워싱턴 DC에서 생활을 시작할 때, 서양 음식이라고는 어릴 때 소위 양식 식당에서 먹어본 '오므라이스' 외에는 미군 부대에서 얻어 먹어본 'hamburger and fries'가 다인 나는 동네 허름한 diner에서 하루 세 끼 'hamburger and fries'를 주문해 먹으며 지냈습니다. 이렇게 한 음식만 먹으니 질리는 것뿐만 아니라, 식당 종업원들도 내가 들어가면 "저기 hamburger 온다"라고 말할 정도였습니다. 도저히 계속할 수 없어서 지인에게 "아침에는 무엇을 먹으면 좋으니?"라고 물으니, "ham and eggs를 try 해보렴"이라고 답해 주었습니다.

다음 날 diner에 가니, "hamburger and fries지?" 하기에, "아니, 오늘은 ham and eggs 주세요!" 했습니다.

거의 존경스러운 표정을 지은 종업원이 "달걀은 어떻게 요리할까?"라고 물었습니다. 한참 고민한 나는 말했습니다. "hamburger and fries 주세요."

오늘의 성소수자 차별

최근에 서울에서 성소수자가 일상에서 느끼는 차별에 대한 발표를 듣는 기회가 있었습니다. 발표자의 체험을 들으며 50여 년 전 미국에서 내가 체험한 인종 차별과 비슷한 점이 많다는 느낌을 받았습니다.

나는 미국에서 두 세대에 걸쳐 나타난 인종주의에 대한 모순되는 태도를 직접 체험했습니다. 바로 1960년대의 청년 세대와 그 부모 세대 사이에서 보이는 다른 모습이었지요. 물론 개인의 체험이 모두를 대변할 수는 없고, 나의 체험이 전체를 반영한다고 주장할 생각도 없습니다.

1960~1970년대 나는 미국의 중서부 아이오와주와

일리노이주, 즉 보수와 진보가 적당히 배합된 지역에 살았고, 학생 그리고 조교수 생활을 했으니 전체 인구에 비해 약간은 진보 경향의 무리에 속했다고 할 수 있습니다.

그래서 내 동료들과의 관계에서는 특별히 인종 차별을 느끼지 못했습니다. 이성 교제에서는 선호 대상에 끼지 못했지만….

한번은 여학생 친구와 같이 대학 농구 원정 경기를 다녀오던 중에 그 친구의 집에 들러 부모님들과 다과를 나누고 학교로 돌아왔습니다. 그 후에 한국에서 평화봉사단(Peace Corp)으로 섬기고 온 교수 한 분과 같이 대화하던 중 그가 친구에게 물었습니다. "너희 부모님이 동양인 친구를 집에 데리고 왔다고 무어라 안 하시던?" 친구가 대답했습니다. "네, 하필이면 동양인을 사귀냐고 불만족스러움을 나타내셨어요. 그냥 편한 친구라고 말씀드려도, 그러다가 가까워질 수 있으니 같이 안 다니는 것이 옳은 방향이라고…" 그 교수가 "네 생각은?"이라고 묻자, "저는 부모님들의 생각에 동의하지도 않고, 설득하려는 것은 에너지의 낭비라고 생각해서 그냥 친구로 어울려요"라고 답했습니다.

또 한번은 대학에서 룸메이트로 지내던 Neil이 내게 결혼식 들러리를 부탁해 왔습니다. 기꺼이 받아들이고 예복까지 빌려 준비했습니다. 결혼식 전날 저녁에 결혼 예식의 순서에 참여하는 사람들의 만찬(rehearsal dinner)에서 신부의 아버지 주변이 시끄러워지더니, 신부의 여동생들이 내게 와서 "우리 아버지는 옛 사고방식에 인종차별주의자며 무식하기도 하니 그의 말 때문에 언짢아하지 말고 그냥 무시해 주세요"라고 말했습니다. 무슨 말인가 했더니, 그 아버지가 "내 딸 결혼에 동양 공산당 놈이 들러리를 선다니, 이는 안 되는 일이다"라고 언성을 높이는 것이었습니다. 다행히 더 큰 문제 없이 결혼식 잘하였고 지금까지도 잘살고 있으니….

1969년에 마틴 루터 킹 목사의 보좌관으로 지내던 앤드루 영 목사(후에 유엔 대사)에게 "어떻게 인종차별금지법으로 백인이 유색인종을 사랑하게 할 수 있겠느냐"는 질문을 할 기회가 있었습니다. 그분은 "법으로 사랑하게 할 수는 없으나, 때리지 못하게 함으로 정상적인 관계의 시간은 벌 수 있다"라고 대답하였습니다.

나의 행동(doing)이 아니라 인종(being) 때문에 받은 대우는 오늘날 우리 사회 안의 성소수자들이 받는 고통과 비슷하게 느껴집니다. 우리나라의 성소수자 문제도 시간이 지나면 해결될 세대 간의 생각 문제이기를 바라면서도, 미국에서도 인종 차별이 법으로 금지되었듯이 차별금지법이 가능한 한 빨리 통과되어 우리의 형제자매들이 법의 보호를 받고, 우리 모두 이웃으로 반기는 때가 오길 기도합니다.

죽고 나면

나의 부모님은 일찍 돌아가셨고(아버지는 1976년에 61세로, 어머니는 1999년에 77세로), 2022년에는 69세의 남동생을 잃었습니다. 또한 우리가 살고 있는 동네(55세 이상의 은퇴자 단지)에서는 종종 이웃의 사망 소식을 듣습니다.

'한 사람의 죽음이 내 삶에 어떤 변화를 가져오는가?', '내 죽음이 무엇을 의미하기를 바라는가?', 이는 누구나 생각하는 문제이겠지만, 이제 78세가 된 내게는 구체적이고 현실적인 문제입니다.

나는 내 삶의 모든 육체적 존재가 자연과 합쳐져 이전에 존재했던 식물이나 동물들과 구별할 수 없게 되기를 바랍니다. 또한 무덤의 비석, 나아가 무덤 자체도 있는 것을 원치 않습니다.

그러나 나는 웃음, 영감, 성찰의 원천이자, 어떤 경우에는 희망의 원천으로 일부 사람들의 삶에 남아 있고 싶습니다. 무엇보다도 늘 감사하고, 사랑으로 진실을 말하며, 눈에 보이는 사실 너머의 진실을 찾고, 남과 이웃을 평등하게 생각하려고 노력한 사람으로 기억되고 싶습니다.

나는 그것이 어려운 목표라는 것을 알고 있으며, 내가 설정한 기준을 계속해서 충족하지 못하고 있음을 깨닫습니다. 하지만 중요한 것은 포기하지 않고 다른 사람들이 함께 참여하여 지금 내가 누리는 기쁨을 공유하도록 초대하는 데 있습니다.

여러 차례 존경과 칭찬을 받았던 15년간의 선교사 생활을 마친 후 나는 노인과 저소득층을 위한 세금 보고를 대행하는 AARP/TaxAide 프로그램에서 봉사하고 있습니다. 기술적으로는 유능한 전문 세무사와 경쟁할 수 없지만, 일반 납세자들을 위해서는 충분한 교육을 받고 있습니다. 나는 이런 만남의 가치를 더욱 중요하게 여깁니

다. 우리 사회의 대다수를 차지하는 숫자지만, 부와 정치적
권력 측면에서는 힘없는 소수입니다.

이 프로그램 안에서의 만남은, 우리가 자주 이야기하
긴 하지만 개인적으로 경험하는 경우는 거의 없는 다양성
을 반영합니다. 고객과의 만남은 내 삶을 엄청나게 풍요롭
게 해 주었습니다.

그중 가장 중요한 것은 사회가 그들에게 붙인 꼬리표
를 넘어 그들을 보는 법을 배웠고, 인간으로서 내가 그들
의 평범한 욕구 안에서 그들을 만나는 법을 배웠다는
것입니다.

나는 마치 복권에 당첨된 것처럼 환급과 세금 공제를
찾는 다른 사람들의 기쁨을 나누는 법을 배우고 있습니다.
그들이 이자 없이 돌려받는 것이 자기 돈이라는 사실을
염두에 두지 마십시오. 오늘날 기본적인 필요를 충족시키
기 위해 이미 어려움을 겪고 있는 사람들이 납부해야
할 세금의 액수에 대해 걱정하는 것도 공감이 됩니다.
나는 어떤 사건이 이웃의 삶에 미치는 영향과 그 규모가
나에게 얼마나 큰 영향을 미쳤는지가 아니라, 그들의

입장에서 보고 느낄 수 있게 되었습니다. 항상 성공하는 것은 아니지만, 이전보다 더 자주 느낄 수 있어 이에 대해 하나님께 감사드립니다.

"호랑이는 가죽을 남기고 사람은 이름을 남긴다"라는 속담도 있지만, 나와 접한 사람들의 마음에 작은 미소를 선물하는 게 나의 바람입니다.

선교사의 은퇴, 은퇴 후 선교

    은퇴 전에 교단에 속한 교회들을 방문해서 보고할 때, 종종 "나도 은퇴하고 나면 선교사로 나갈 계획입니다"라는 말을 듣습니다. 당시 말은 안 했지만 속으로 '선교는 은퇴 후 소일 삼아 할 수 있는 일이 아니다'라고 생각하곤 합니다. 그런데 은퇴 후 벌써 10년, 생각이 바뀌어 같이 나누려 합니다.

    선교는 'doing'이 아니라 'being'이라고 끈질기게 외쳐 왔지만, 선교란 '이웃'이 되는 것이라고 요약해서 생각하게 된 것은 은퇴 후에 돌이켜 보며 깨달은 결론입니다. 우리가 선교사 훈련 받을 때 그리고 그 후에 자주 들은 이야기는 선교사 삶의 3단계였습니다.

1. 관광객: 이전의 삶과 전혀 다른 환경에 들어갈 때 모든
   새로운 것은 새로운 체험이고, 바로 이 '다름'이 선교의
   여정이 올바른 선택이었음을 확인해 준다.

2. 향수와 회의: 시간이 지나면서 새 경험에서 오는 만족과
   에너지보다 익숙하고 편한 삶과 관계가 그리워지고, 닥
   쳐오는 불편과 사용당한다는 불만이 정상적인 관계를
   유지하기 힘들게 한다.

3. 새로운 이웃의 관계가 성립되면 이전과 다르지만 풍성
   한 삶의 기쁨을 누리게 되고, 올바른 선교사의 생활을 감
   사하며 살게 된다.

우리가 선교지를 옮겨 가며 살아보았지만, 이 과정만
은 똑같이 반복하였습니다. 다행히 네팔에 갔을 때는
콩고에서의 체험을 기억하며 다음 단계가 온다는 것을
알기에, 기쁨과 실망의 기폭 그리고 그 시간을 단축할
수 있었습니다.

이제는 현지 사역에서 은퇴한 지도 10년이 넘었고, 55세 이상의 은퇴자 단지에 들어온 지도 9년째가 됩니다. 이전에 한국에서 사역할 때 교제하던 친지들이 대부분 은퇴하였거나 곧 은퇴할 연령대라 은퇴 후의 삶에 대해 자주 대화하고, 나의 은퇴 이후의 삶을 자주 나누게 됩니다.

결국 일에 쫓기지 않고 하고 싶은 일 하며 건강 유지에 중심을 둔다고 나눕니다. TED Talk에서 "은퇴 후 삶의 4단계"에 대해 듣게 되었는데, 여기서 나누려 합니다.

1. 휴가(vacation): 여행, 취미 생활 등 시간에 쫓기어 즐기지 못했던 체험을 만끽하는 기간. 대개 1년을 넘기지 못한다.

2. 공허와 혼돈(loss and lost): 휴가 기간이 지나면서 직장을 떠나며 사라진 지위, 목표와 이에 따른 자존감의 상실이 공허함과 우울증에 잠기게 한다.

3. 실험과 실패의 반복(trial and error): 이렇게 여생을 살아야 하는 불안감과 닥쳐오는 문제는 해결해야 한다는 이전의 상식에 의존해서 자신의 능력을 발휘하는 의미 있

　는 일들을 찾아 여러 가지 일을 시도하나 기대에 미치지

　못하는 결과 때문에 실망하곤 한다.

4. 자신의 기대와 이웃과의 관계를 재정비하여 이웃을 돕

　는 삶에서 새로운 삶의 가치를 찾고 풍성한 삶을 즐기게

　된다.

　아마도 선교사의 삶이나 은퇴 후의 경험만이 아니라, 이전의 삶을 떠나 새로운 도전을 시작하는 모두에게 닥쳐오는 도전인가 봅니다. 북한에서 생명을 걸고 탈출해서 고생 끝에 한국으로 온 사람 중에 북한으로 돌아가고 싶어 하는 사람들의 심정을 이해할 수 있을 것 같습니다. 그들이 한국 생활에서 이웃의 정을 체험했더라면, 다음 단계로 옮겨가는 것이 좀 더 가능하지 않았을까요?

　또 하나 내 개인의 경우를 생각해 봅니다. 선교사 생활 중에 대부분의 사역은 이웃 한 사람 한 사람의 삶을 같이 나누는 것보다 돌보는 조직을 좀 더 원활하게 움직이는 제도 개선이 주 업무였습니다. 그래서 은퇴 후에도 두어 번(6개월에서 1년씩) 교단의 요청으로 시스템의 점검

과 재정비를 부탁받아 일했습니다. 이곳 뉴욕주로 온 후에 AARP와 IRS가 공동으로 주관하는 TaxAide 세금 보고 보조 업무에 참여하면서 저소득층과 노년층의 삶에 참여하는 기회가 주어졌고, 그들의 기쁨과 근심에 이웃으로서 참여하는 특혜를 누리게 되었습니다. 몇 년이 지나고 TaxAide 운영에도 자원봉사자로 참여해 보았지만 이제 내게는 이웃의 기쁨과 근심에 동참하는 것이 내가 진정한 이웃의 길을 걷는 것이라는 확신이 들어, 관리자의 책임은 내려놓고 세금 보고 업무를 내 기쁨의 통로로 생각합니다. 어려움이 크면 기쁨도 큽니다.

이제 은퇴를 앞두고 계획하며 또 걱정하는 친구들이 주변의 이웃들을 돌보며 작은 일에서 제4단계의 보람과 기쁨을 찾기를 기원합니다.

길에서 벗어나 모자를 기울이기

BBC로부터 자신의 인생에서 결정적인 순간이 무엇인지 묻는 질문에 데스몬드 투투(Desmond Tutu)는 그와 그의 어머니가 길을 걷고 있던 날에 대해 말했습니다.

검은 양복을 입은 키가 큰 백인 남자가 그들을 향해 다가왔습니다. 남아프리카공화국의 아파르트헤이트 시절, 보도를 걷다가 흑인과 백인이 만났을 때 흑인은 구렁에 들어가 백인이 지나갈 수 있도록 하고 존경의 표시로 고개를 숙이는 것이 당연했습니다. 그러나 오늘, 어린 투투와 그의 어머니가 보도에서 물러나기도

전에 백인 남자는 보도에서 내려와 그들이 지나갈 때 그녀에게 존경의 표시로 모자를 기울였습니다!

그 백인은 아파르트헤이트에 격렬하게 반대했던 성공회 신부 트레버 허들스턴이었습니다. 그 사건은 투투의 삶을 바꾸었습니다. 그의 어머니가 트레버 허들스턴이 '하나님의 사람'이기 때문에 보도에서 벗어났다고 말했을 때 투투는 그의 소명을 찾았습니다. "어머니가 나에게 그가 성공회 신부라고 말했을 때 나는 그곳에서 나도 성공회 신부가 되고 싶다고 결심했습니다. 게다가 나는 하나님의 사람이 되고 싶었습니다"라고 투투는 말했습니다.

허들스턴은 나중에 투투의 멘토가 되었으며, 모든 인간이 하나님의 형상으로 창조되었기 때문에 모든 인간의 평등에 대한 그의 헌신은 투투가 아파르트헤이트에 반대하는 핵심 동인이 되었습니다.

내가 기도하는 것은 우리 모두 우리의 형제자매들, 특히 소외된 사람들에게 기꺼이 "길에서 벗어나", "모자를 기울여 주는", "하나님의 백성"이 되도록 노력하는 것입니다.

아파르트헤이트는 백인 소수 통치 시대의 남아프리카 공화국의 인종 차별적인 정치, 사회 시스템 안에서 주로 피부색과 얼굴 특징에 초점을 맞춰 백인이 아닌 사람들에 대한 인종 차별을 강요했습니다. 이는 1948년부터 1990년대 초반까지 20세기에 존재했습니다.

허들스턴이 모자를 들고 투투 모자에게 인사했을 때, 그는 그리스도께 인사한 것입니다. 투투는 그것을 보고 하나님의 뜻을 이해했습니다. 그리하여 그를 궁극적으로 노벨평화상과 '인종 정의의 열렬한 사도'로 칭찬하는 씨앗이 심어졌습니다. 또한 인종적 정의뿐만 아니라 동성애자들을 대변하는 것이 인기가 없는 대륙의 게이와 레즈비언을 포함하여 소외되고 박해받는 모든 집단의 솔직한 옹호자로서 말입니다.